¿Dón
el Vaticano?

Megan Stine

ilustraciones de Laurie A. Conley

traducción de Yanitzia Canetti

Penguin Workshop

Para mi querida amiga Betsy y sus hijos y nietos:
Geoff, Anne, Paula, Michael, Delaney, Kendall,
Garrison y George—MS

Para Brian, por su infinito apoyo—LAC

PENGUIN WORKSHOP
Un sello editorial de Penguin Random House LLC, Nueva York

Publicado por primera vez en los Estados Unidos de América por Penguin Workshop,
un sello editorial de Penguin Random House LLC, Nueva York, 2019

Edición en español publicada por Penguin Workshop,
un sello editorial de Penguin Random House LLC, Nueva York, 2023

Traducción al español de Yanitzia Canetti

Visítanos en línea: penguinrandomhouse.com.

Los datos de Catalogación en Publicación de la Biblioteca del Congreso están disponibles.

Impreso en los Estados Unidos de América

ISBN 9780593522707   10 9 8 7 6 5 4 3 2 1 WOR

Contenido

¿Dónde está el Vaticano?

Era un día frío y húmedo de marzo de 2013. Una multitud llenaba una enorme plaza frente a la mayor iglesia del mundo: la Basílica de San Pedro. Más de 50 000 personas habían acudido para saber quién sería el próximo Papa.

La respuesta dependía de una votación que se llevaba a cabo en una capilla al lado de la enorme iglesia. Ciento quince cardenales estaban encerrados para votar por el nuevo Papa. (Los cardenales son los sacerdotes católicos más importantes después del Papa.) Para ser elegido Papa, uno de los cardenales tenía que recibir dos tercios de los votos. Ellos escribían el nombre de la persona por la que votaban en un papel. Mantenían sus votos en secreto disimulando su letra. Tras el recuento, las papeletas se quemaban y el humo salía de la capilla.

Los resultados se anuncian al mundo con una bocanada de humo. El humo blanco significa que se ha elegido un nuevo Papa. El humo negro significa que ninguno ha obtenido aún suficientes votos.

El primer día, no se eligió a nadie. El humo negro salió de la chimenea de la capilla. Lo mismo ocurrió a la mañana siguiente: humo negro. Los cardenales tendrían que volver a votar.

Empezó a llover, pero la multitud esperó bajo los paraguas hasta bien entrada la noche.

Finalmente, en la noche del 13 de marzo, una columna de humo blanco se elevó en el aire. La multitud estalló en vítores de júbilo. Agitaban banderas de todo el mundo. Luego, las campanas sonaron y sonaron, anunciando que un nuevo Papa había sido elegido.

Cuando el papa Francisco apareció en el balcón que daba a la plaza, la lluvia ya se había

detenido. Se dirigió humildemente a la multitud, pidiéndoles que rezaran por él. Sabía que tenía un gran trabajo por delante.

Ser Papa significaba que iba a dirigir la Iglesia Católica en todo el mundo. Como Papa, también sería el líder de un país. Es el país más pequeño del mundo, ubicado completamente dentro de la ciudad de Roma, Italia.

El país se llama Ciudad del Vaticano.

CAPÍTULO 1
Un lugar seguro para los cristianos

¿Cómo se convirtió Ciudad del Vaticano en el país más pequeño del mundo?

La respuesta está en la historia del cristianismo, una historia que comenzó hace más de dos mil años, cuando Jesús estaba vivo.

La religión cristiana se basa en las enseñanzas de Jesús y en los sucesos de su vida. Los cristianos creen que Jesús es el hijo de Dios. Jesús fue asesinado por los romanos por su predicación. Lo clavaron en una cruz y lo dejaron morir. Los cristianos creen que resucitó tres días después y volvió a Dios en el cielo.

Durante mucho tiempo, fue peligroso ser cristiano, especialmente en Roma. Roma era el centro del poder en el antiguo Imperio Romano. Nerón, líder del Imperio, no quería que una religión nueva se apoderara del mundo. Quería que todos lo obedecieran a él y le rezaran a los dioses romanos como siempre habían hecho. Nerón mató a muchos cristianos.

Nerón

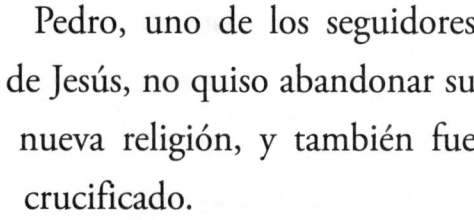

San Pedro

Pedro, uno de los seguidores de Jesús, no quiso abandonar su nueva religión, y también fue crucificado.

Según la historia, su cuerpo fue enterrado justo donde murió, en Roma.

Los cristianos amaban y admiraban a Pedro por su fe y su valor. Con el tiempo, se le conoció como San Pedro, el primer obispo de Roma. Un obispo es alguien que dirige la Iglesia.

En los siguientes 300 años, muchos cristianos fueron amenazados, torturados y perjudicados. Pero un emperador llamado Constantino se hizo cargo del Imperio Romano en el siglo IV. Él creía en la religión cristiana y declaró que a la gente se le debía permitir adorar cualquier religión que eligieran.

Constantino donó tierras e iglesias a los cristianos. Le dio al obispo de Roma un palacio para vivir, llamado Palacio de Letrán. Junto al palacio se construyó una de las primeras iglesias cristianas: San Juan de Letrán. Desde entonces, el obispo de Roma fue llamado Papa, y todos los papas fueron llamados obispos de Roma. "Papa" viene de la palabra papá, que significa padre. Durante los siguientes mil años, todos los papas vivieron en el Palacio de Letrán.

Emperador Constantino

Sacerdotes, obispos y cardenales: ¿Cuál es la diferencia?

Los sacerdotes son ministros de la Iglesia Católica. Cada sacerdote suele estar a cargo de una sola iglesia o parroquia. Los obispos son sacerdotes que han sido elegidos por el Papa para supervisar varias iglesias en una zona pequeña, llamada diócesis.

Sacerdote   Obispo

Un arzobispo está a cargo de una zona más amplia o de una gran ciudad, llamada arquidiócesis. Los cardenales son obispos que han sido nombrados por el Papa para tareas especiales. El Papa nombra a los cardenales para que lo asesoren, lo ayuden a dirigir el Vaticano y para que elijan a un nuevo Papa cuando este muera o se retire.

Cardenal

Palacio de Letrán

En el año 360 d. C., Constantino comenzó a construir otra enorme iglesia: la Basílica de San Pedro. La construcción duró hasta el año 380 d. C. Se construyó cerca de donde fue enterrado San Pedro, en una colina cerca del río Tíber, en un lugar llamado la Colina del Vaticano.

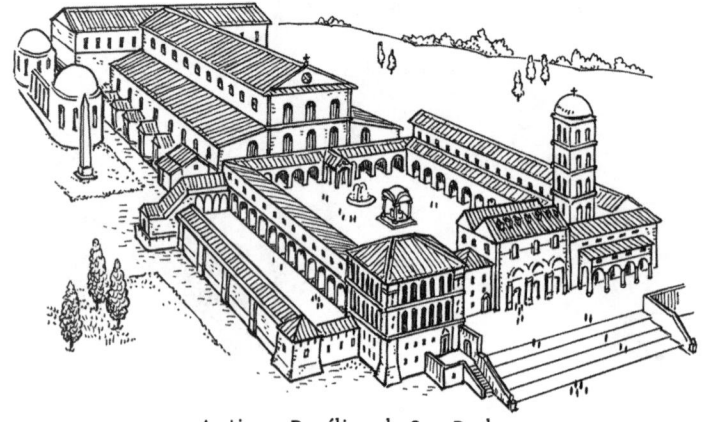

Antigua Basílica de San Pedro

¿Qué es una basílica?

Una basílica es un tipo de iglesia u otro edificio con una larga cámara central, una puerta en un extremo y una plataforma elevada en el extremo opuesto. La parte más larga de la iglesia, donde la gente acude al culto, se llama nave. En el otro extremo hay un lugar semicircular llamado ábside. A veces el ábside está bajo una cúpula. El altar suele estar insertado en el ábside, pero la Basílica de San Pedro es diferente. Está dispuesta en forma de cruz. El altar papal está en el centro de la cruz.

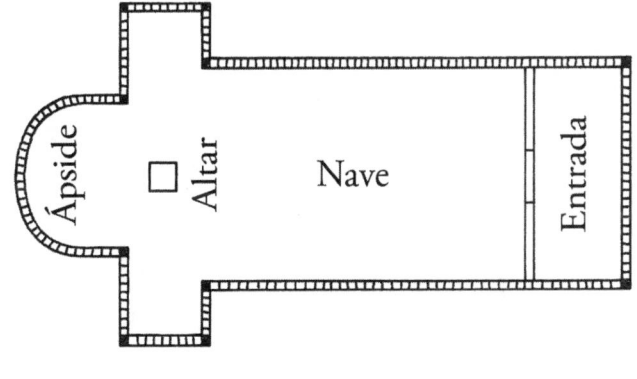

Con el paso del tiempo, los papas fueron ganando más y más poder en toda Europa. A partir de Constantino, muchos emperadores hicieron fabulosos regalos a la Iglesia. A cambio, los papas a menudo actuaban como pacificadores cuando las tribus extranjeras atacaban a Roma. Los papas eran tratados muchas veces como si tuvieran el mismo poder que los emperadores, los reyes y las reinas. Gobernaban grandes extensiones de tierra, llamadas Estados Papales, en lo que actualmente es Italia. Italia no se convirtió en el país que conocemos hoy hasta 1870.

Mapa de Italia, 1815-1870

Pero a menudo, los papas y el Vaticano eran atacados por tribus que les robaban muchos tesoros.

En el siglo IX, el papa León IV hizo construir una enorme muralla alrededor de los edificios que hoy se conocen como el Vaticano, para su protección. La muralla era como una fortaleza de doce pies de grosor y cuarenta de altura. Tenía torres y ventanas que en realidad eran pequeñas rendijas. Por las aberturas, los hombres podían defender el Vaticano lanzándoles flechas a los atacantes de abajo.

Tener una muralla alrededor del Vaticano ayudó. Fue el primer paso en la creación de una pequeña ciudad que pertenecía solo a la Iglesia, donde el Papa podía estar seguro.

Pero el muro no detuvo todas las rivalidades y la violencia. Para que los líderes cristianos estuvieran realmente seguros, iban a necesitar un muro más grande.

CAPÍTULO 2
La lucha por el poder

Durante la Edad Media (desde el año 400 hasta el 1500) los líderes de la Iglesia lucharon por el poder. A veces el poder del Papa se veía amenazado por los reyes. Otras, los papas eran desafiados por obispos rivales.

Uno de los papas dirigió un ejército en una batalla para sobrevivir. Otro fue encarcelado por sus rivales. En ocasiones, un grupo de líderes eclesiásticos elegía a un nuevo papa, antes de que muriera el que estaba en el poder. Entonces había dos papas a la vez, ¡luchando por el control de la Iglesia! Se cuenta que en 882, el papa Juan VIII fue envenenado y golpeado hasta la muerte. En 904, el papa León V fue arrojado a su propia mazmorra y estrangulado.

Las luchas internas por el poder le dieron mala
fama a la Iglesia. En el año 1049, el papa León
IX creó nuevas reglas, quería que los sacerdotes
fueran más devotos de su religión.

Estableció que los sacerdotes no podían casarse ni tener hijos. Otros papas establecieron reglas para asegurarse de que los papas fueran elegidos por los cardenales.

Papa León IX

Era una buena regla, sin embargo, los cardenales no siempre estaban de acuerdo. En 1268, el papa Clemente IV murió en la ciudad de Viterbo, en Italia. Los cardenales se reunieron allí para votar por un nuevo papa. ¡Pero la votación duró tres años! Finalmente, los líderes de la ciudad los encerraron en la casa del Papa y los obligaron a votar. Como todavía no se ponían de acuerdo, les quitaron parte de la comida. Luego les quitaron más comida. ¡Luego quitaron parte del techo! Finalmente, eligieron al papa Gregorio X.

Cardenales fuera de la casa del papa Clemente IV

Gregorio X emitió una orden llamada Bula Papal. En ella se establecían más reglas para la elección de los papas. Estableció que en el futuro, los cardenales se encerrarían en una habitación del palacio donde el Papa había muerto. La comida se les daría a través de una pequeña abertura. Si no elegían un Papa en tres días, recibirían menos comida. También se les reduciría la paga. El sistema de encerrar a los cardenales para elegir un nuevo Papa se llama cónclave.

Bulas Papales

Antes, cuando un Papa emitía un decreto u orden, lo firmaba con su sello para demostrar que este procedía de él. Era un sello metálico que el Papa presionaba en una burbuja de plomo u oro fundido, dejando una huella. La palabra latina para burbuja es "bulla", por eso se conocen como Bulas Papales.

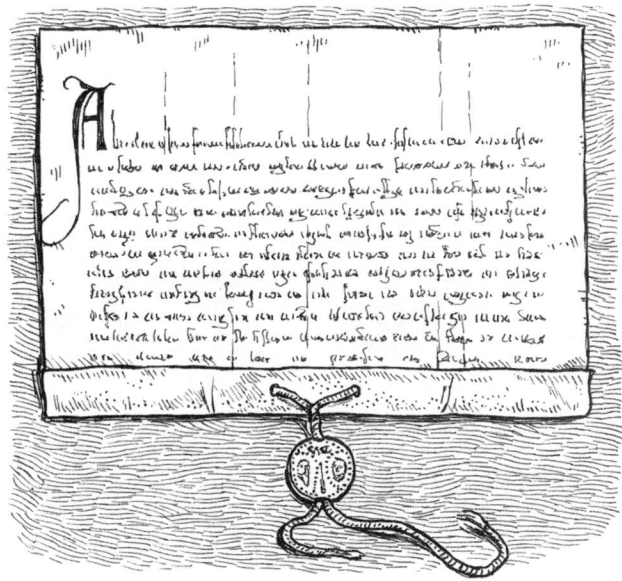

Bula del papa Alejandro IV, 1261

Ya en 1300, la Iglesia había recuperado gran parte de su influencia y poder en el mundo. Los papas y cardenales coronaban a los reyes amigos de la Iglesia. A cambio, los reyes solían proteger al Papa y sus tierras.

Los papas también excomulgaban (expulsaban de la Iglesia) a los reyes que les daban problemas. Una persona excomulgada ya no puede formar parte de la religión católica.

Enrique VIII

Enrique VIII era rey de Inglaterra y católico (casi todos los cristianos de la época eran católicos, pero la palabra "católico" no se utilizó hasta más tarde). Por ley eclesiástica, los católicos no podían divorciarse. Pero Enrique VIII quería divorciarse de su esposa, ya que ella no le había dado ningún hijo. Sin embargo, el Papa se negó. Por eso, el Rey decidió separarse de la Iglesia Católica Romana. Él creó su propia iglesia, llamada Iglesia de Inglaterra, y se nombró a sí mismo jefe de esta. Cuando el Papa se enteró, excomulgó al Rey.

Enrique VIII y su segunda esposa, Ana Boleyn

Pero el Vaticano no siempre fue un lugar seguro para todos los papas. En 1305, el nuevo papa, Clemente V, se sintió en peligro debido a la violencia política. Por ello, construyó un palacio papal en el sur de Francia donde el rey francés lo protegería. Durante los siguientes sesenta o setenta años, todos los papas vivieron en Francia, pues temían volver a Roma. Cuando finalmente lo hicieron, encontraron la ciudad en un estado terrible. La iglesia de Letrán estaba en ruinas, con el techo derrumbado. El Palacio de Letrán se había quemado en 1361.

Palacio de los papas en Avignon

Si los papas iban a vivir en Roma, estaba claro que los edificios debían remodelarse para hacerlos más seguros y adecuados al líder del mundo cristiano. Por suerte, aparecieron algunos papas muy ricos que querían dar nueva vida a los antiguos edificios de la Iglesia.

CAPÍTULO 3
El Vaticano renace

La Basílica de San Pedro, en el corazón del Vaticano, tenía ya mil años. El palacio del Vaticano también era viejo. Ambos estaban en muy mal estado, y ninguno tenía la belleza de los edificios que surgían al norte de Roma, en una ciudad llamada Florencia. Por ello, durante muchos años, los papas decidieron reconstruir y reemplazar los edificios.

Nicolás V, que se convirtió en Papa en 1447, había estado en Florencia cuando era joven. Él contrató a los mejores y más conocidos artistas de allí y los trajo a Roma. También creó una nueva biblioteca y la dotó con cinco mil libros, pero murió antes de poder arreglar la Basílica de San Pedro.

Los papas que vinieron después de Nicolás decidieron que, en lugar de reconstruir la antigua iglesia, la derribarían. Querían que se construyera una nueva basílica de San Pedro en el mismo lugar.

En 1481, se construyó una capilla junto a la antigua catedral. Se llamó la Capilla Sixtina. El nombre de Sixtina proviene del nombre del papa Sixto IV, que la mandó a construir. La Capilla Sixtina es el lugar donde los cardenales se reúnen ahora para el cónclave, la reunión secreta para elegir al nuevo Papa.

La primera piedra de la nueva iglesia de San Pedro se colocó en 1506. La Basílica de San Pedro tardó 120 años en terminarse. Siete arquitectos principales trabajaron en ella y diecinueve papas participaron en la construcción.

En un momento dado, se puso al genial artista Miguel Ángel a cargo de la construcción. Él diseñó la enorme cúpula de la basílica, utilizando ideas de varios artistas y arquitectos.

Miguel Ángel también decoró el techo de la Capilla Sixtina. Pintó nueve conocidas escenas de la Biblia. Una de ellas muestra la serpiente en el Jardín del Edén. Otra representa el diluvio y a Noé. El cuadro más famoso muestra la creación de Adán, con Dios extendiendo su dedo para tocar la mano de Adán, y darle vida.

Miguel Ángel tardó 4 años en terminar el trabajo. Trabajó en el techo de pie sobre una plataforma de madera a gran altura del suelo. Tenía la cabeza inclinada hacia atrás y la pintura le salpicaba en la cara. Fue un trabajo duro, pero el resultado fue glorioso. Hoy es uno de los lugares más visitados del Vaticano.

Otros artistas brillantes trabajaron en los edificios del Vaticano. Construyeron el Palacio Apostólico para que el Papa viviera en él.

Palacio Apostólico

El Renacimiento

En determinados momentos de la historia se produce una explosión de energía, o un florecimiento en las artes. El siglo XV en Florencia, Italia, fue uno de esos momentos especiales. Artistas y escritores crearon hermosas pinturas, edificios y esculturas de mármol como el mundo nunca había visto. Fue un florecimiento del arte y la cultura, un periodo que ahora llamamos Renacimiento. Renacimiento significa volver a nacer. Los papas y la Iglesia pagaron gran parte del arte que se creó en esa época.

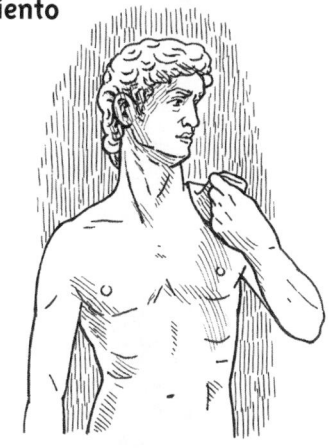

Estatua del David de Miguel Ángel

Un artista nombrado Raffaello Sanzio, conocido como Rafael, decoró el apartamento del Papa. Pasó doce años pintando en las paredes de las cuatro habitaciones. Además de las figuras bíblicas y los héroes de la Iglesia, pintó a algunos de los grandes pensadores de la antigüedad, como Platón y Aristóteles. Conocidas como las Salas de Rafael, estas ahora están abiertas al público como parte de la visita al museo del Vaticano.

Salas de Rafael

Otro palacio, construido por Donato Bramante, tenía una escalera de caracol que conducía a una torre desde el patio inferior. Bramante la diseñó como una rampa con techos muy altos. ¡Para que el Papa pudiera subir a caballo hasta la cima!

Gian Lorenzo Bernini, escultor y arquitecto, diseñó más tarde la enorme plaza ovalada frente a San Pedro. Parte del mármol de San Pedro y de otros edificios del Vaticano ¡se extrajo del Coliseo! El Coliseo era la enorme arena romana donde se celebraban batallas de animales salvajes y luchas de gladiadores.

Pero todo el arte, el mármol y la piedra necesarios para construir San Pedro eran caros. El papa León X, elegido en 1513, decidió recaudar dinero vendiendo "indulgencias". Estas eran una especie de tarjeta de "salida de la cárcel" para los pecadores. A cambio de dinero, el Papa perdonaba a los que cometían pecados. De lo contrario, decía, no podrían ir al cielo.

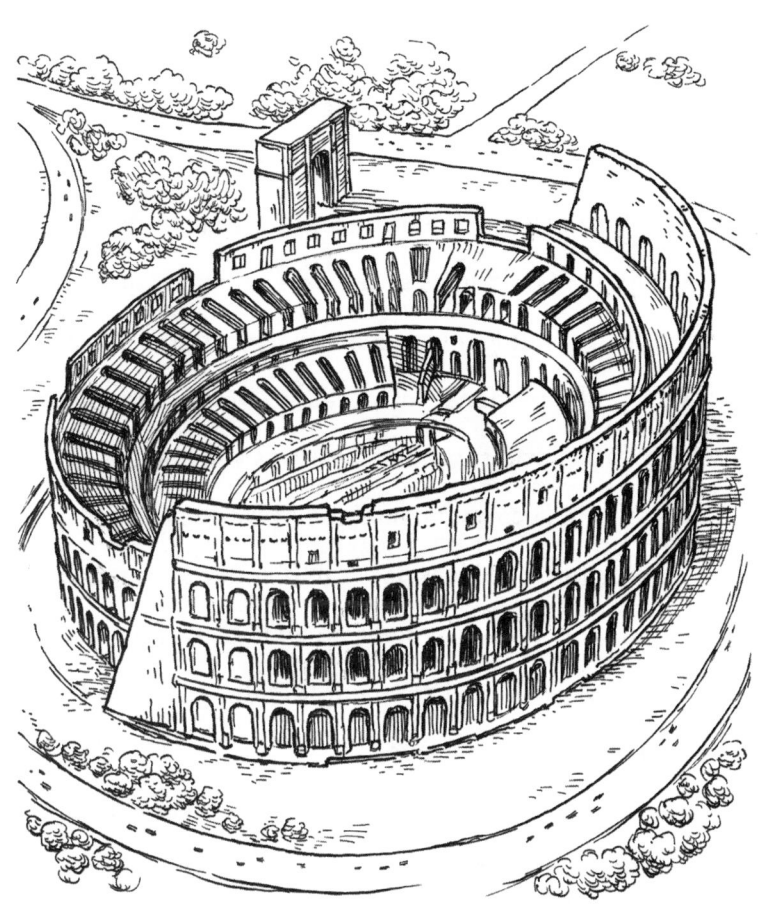

El Coliseo

Algunos pensaban que la venta de favores por parte de la Iglesia era una idea terrible. Sentían que el Papa había perdido el rumbo. Así que se separaron de la Iglesia.

Martín Lutero (1483–1546)

Martín Lutero fue un sacerdote alemán que se volvió contra la Iglesia de Roma. Pensaba que la venta de indulgencias era algo incorrecto. Solo Dios podía perdonar los pecados. En 1517, escribió una larga carta sobre sus creencias y la envió a un obispo. En la carta, enumeraba 95 problemas de la Iglesia junto con ideas para cambiarla o reformarla. Según se cuenta, clavó la lista en la puerta de una iglesia de Wittenberg. Muy pronto, las copias de la lista llegaron a toda Europa.

Las ideas de Lutero eran una protesta contra la Iglesia. Por eso, sus seguidores pasaron a ser conocidos como Protestantes. Después, la iglesia de Roma se llamó Iglesia Católica Romana para diferenciarse de los Protestantes y otros grupos.

Aunque el Vaticano estaba siendo reconstruido, el Papa aún no estaba del todo seguro. En 1527, un ejército de soldados enfurecidos marchó hacia Roma. Saquearon la ciudad y saquearon el Vaticano, llevándose todo lo que pudieron. El papa Clemente VII tuvo que huir para salvar su vida.

Pasarían otros cuatrocientos años antes de que el Vaticano estuviera completamente a salvo de los ataques y se convirtiera en un país independiente al mismo tiempo.

CAPÍTULO 4
Nace un nuevo país

El Vaticano crecía en tamaño y se convertía en un lugar de tremenda belleza. Pero los papas no tenían un verdadero ejército propio ni podían proteger sus propiedades. Su poder dependía de mantener contentos a otros reyes y gobernantes.

En 1870, otro ejército marchó sobre Roma. Esta vez era un ejército italiano.

La toma de Roma, 1870

Italia se convertía por fin en un país unificado. Los nuevos líderes querían que Roma fuera la capital. Pero eso significaba tomar el control de las tierras que habían sido gobernadas por la Iglesia Católica. El nuevo gobierno le ofreció al Papa que se quedara con la parte de la Ciudad del Vaticano que estaba dentro de la muralla. A cambio, debía renunciar a sus otras tierras, pero él se negó. Por ello, durante los siguientes 59 años, ese Papa y los tres papas siguientes permanecieron atrapados como "prisioneros" en el Vaticano.

Firma del Tratado de Letrán
entre Italia y el Vaticano, 1929

Entonces, en 1929, el papa Pío XI hizo un trato con el líder de Italia, Benito Mussolini. Firmaron un tratado que creó un nuevo país, el Estado de Ciudad del Vaticano. Se trataba de una ciudad-estado, un país muy pequeño que es una sola ciudad. (Existen otras dos ciudades-estado en el mundo: Singapur y Mónaco).

Como parte del acuerdo, se permitió al Papa mantener el control de varios edificios que estaban fuera del Vaticano, como el Palacio de Letrán, la iglesia de San Juan de Letrán, algunas oficinas y otras dos grandes catedrales.

El Vaticano también conserva *Castel Gandolfo*. Un gran palacio al sur de Roma donde los papas suelen vivir en verano.

Castel Gandolfo

Al convertirse en país, el Vaticano necesitaba todas las cosas que tiene un país: su propio dinero, su oficina de correos, su gobierno y su bandera.

Todo eso llegaría con el tiempo, cuando el Vaticano entró en el mundo moderno.

Benito Mussolini (1883–1945)

Benito Mussolini fue líder de Italia por más de 20 años. Fue elegido primer ministro en 1922, pero tres años después tomó el control total del país convirtiéndose en dictador. Al igual que Hitler en la Alemania nazi, utilizó la policía secreta para deshacerse de sus enemigos. En 1940, se unió a la II Guerra Mundial al lado de Alemania. Tanto Italia como Alemania fueron derrotadas por los países aliados liderados por Estados Unidos, Gran Bretaña y la Unión Soviética. A Mussolini lo mataron sus propios compatriotas al final de la guerra.

CAPÍTULO 5
La iglesia más grande del mundo

El paseo por la plaza abierta frente a San Pedro es impresionante. La plaza, rodeada de 284 columnas, es enorme. ¡Es tan larga como tres y medio campos de fútbol! En ella pueden reunirse más de trescientas mil personas. Las estatuas de 140 santos se alzan sobre las columnas.

En el centro de la Plaza hay una columna de mármol alta, cuadrada y cónica, terminada en

punta. Es un obelisco, y fue traído de Egipto en el año 37 d. C. En 1585, 900 hombres y al menos 75 caballos trabajaron durante muchos meses para trasladar la pesada piedra hasta donde se encuentra ahora.

Obelisco en
la Plaza de San Pedro

Justo delante del obelisco están las puertas principales de San Pedro. Los visitantes y los fieles suelen entrar por ellas. Pero una vez cada 25 años se abre la hermosa Puerta Santa de bronce situada en el extremo derecho. Decorada con dieciséis paneles de bronce fundido, son en realidad dos puertas que están, por tradición, selladas por dentro, ¡con cemento! Solo pueden abrirse en un Año Jubilar, un año de celebración religiosa para los católicos.

En 2016, el papa Francisco declaró un Año Jubilar especial. Después de que fuera retirado el cemento, él mismo abrió las puertas en una ceremonia que fue vista por miles de personas. El Papa golpeó las puertas con un martillo especial. La apertura de las puertas significaba que los fieles podían pasar para llegar a Dios. Cada persona que entra por ellas en oración recibe el perdón de sus pecados.

Al final del Año Jubilar, se vuelve a sellar la

Puerta Santa. Se aplica una capa de cemento con una elegante paleta de oro.

Independientemente de la puerta por la que

se entre, el interior de la Basílica de San Pedro es sobrecogedor. Solo el tamaño de la iglesia es impresionante. Unos marcadores de bronce indican la longitud de otras iglesias comparadas con la de San Pedro. Estos muestran que la Basílica es la más larga de todas.

El tamaño no es lo único que distingue a

Basílica de San Pedro

Casa Blanca, Washington, DC

San Pedro. Simplemente hay más de todo: cinco órganos, diez capillas, cuarenta y cuatro altares y más de cuatrocientas estatuas. Hay tallas y mosaicos por todas partes. Si miras hacia arriba, lo único que verás será mármol y oro.

La cúpula de la Basílica tiene una altura de 448 pies, ¡en ella caben dos transbordadores espaciales! La cúpula en sí tiene dos capas, como dos gigantescos cuencos invertidos, uno dentro del otro. Entre los dos cuencos hay una estrecha pasarela con una escalera de caracol. La gente puede subir los escalones hasta la cima de la cúpula y contemplar toda Roma. Ningún otro edificio del centro histórico de Roma es más alto que San Pedro.

Casi un centenar de papas están enterrados en la Basílica de San Pedro. La tumba de San Pedro se encuentra justo bajo el centro de la cúpula. Algunos papas están expuestos en ataúdes de cristal, entre ellos, Juan XXIII. Murió en 1963, pero su cuerpo se conserva muy bien. Las manos y la cara están cubiertas de cera. La mayoría de los papas están enterrados en la cripta, o la gruta, una tumba subterránea llena de ataúdes de mármol. Se puede pasear entre los ataúdes de mármol o de cristal y oro. Algunos tienen encima tallas de mármol del tamaño real del Papa fallecido.

Solo seis mujeres están enterradas en San Pedro. La más famosa es Cristina, que fue reina de Suecia. Ella fue muy querida por la Iglesia porque renunció a ser reina para convertirse en católica.

Quizá la obra de arte más famosa de San Pedro sea la Piedad. Miguel Ángel tardó dos años en esculpirla. La escultura, de tamaño natural, representa a María sosteniendo el cuerpo de su hijo muerto, Jesús. Está en la entrada de San Pedro y es una de las primeras cosas que ven los visitantes.

Otra escultura atrae también la atención de los visitantes fieles: la estatua de bronce del propio

San Pedro. San Pedro está sentado en una silla sobre una plataforma elevada. Los fieles han tocado y besado su pie durante muchos siglos, ¡tantos que el

La Piedad en la Basílica de San Pedro

pie está casi desgastado! Los dedos de los pies han desaparecido de tanto frotarlos. El 29 de junio de cada año se celebra la fiesta de San Pedro y San Pablo. La estatua está vestida con ropas sagradas, un anillo y una tiara papal de gran valor.

En el extremo de la iglesia, en el ábside, se encuentra el trono de San Pedro. En realidad es una silla de madera encerrada dentro de una de bronce y oro. Se cree que la silla de madera es la silla en la que se sentaba San Pedro cuando predicaba.

Estatua de San Pedro

Detrás del trono hay una enorme ventana en forma de sol. Parece un vitral, pero no lo es, no hay vitrales en San Pedro. La ventana está hecha de finas láminas de una piedra llamada alabastro que deja pasar la luz.

Con tanto oro, mármol y bronce en la Basílica, podría parecer que el Vaticano puso toda su riqueza en esta espectacular iglesia.

Pero San Pedro es solo una pequeña parte de los tesoros que se encuentran dentro de los muros del Vaticano.

CAPÍTULO 6
Los tesoros del Vaticano

Además de la magnífica iglesia, el Vaticano está repleto de más tesoros de los que cualquiera se pueda imaginar o describir.

Durante cientos de años, los papas han coleccionado las mejores pinturas y esculturas que encontraron. También recibieron valiosos regalos de oro, joyas y ropa. Todos esos tesoros se guardan en una sala situada justo detrás del altar de la Capilla Sixtina. Se llama la Sacristía Papal. Hay más de cinco mil objetos en total.

¿Qué tesoros hay allí?

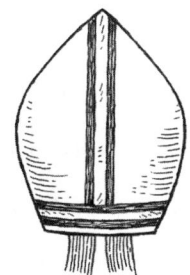

La tiara del papa Pío IX y la mitra que lleva el papa Francisco

La pieza más valiosa es posiblemente la tiara española. Hasta el siglo XX, los papas eran coronados con tiaras triples, colocadas una sobre otra. Muchas de las tiaras, hechas de oro engastado con gemas, valen millones de dólares. En 1854, la reina Isabel II de España le regaló al papa Pío IX una tiara de oro con ¡dieciocho mil diamantes! También tenía otras mil piedras preciosas y gemas: rubíes, esmeraldas y perlas. Otros papas recibieron tiaras de oro y plata o lujosas joyas. ¿Querían comprar el favor del Papa con los regalos? Puede ser. Hoy en día, los papas no son coronados ni llevan tiaras. Ahora llevan gorros altos llamados mitras.

Otros tesoros son las cruces enjoyadas, los anillos y los broches de los papas. Muchos están cubiertos de diamantes o perlas. También hay cruces altas y báculos que los papas usan durante las misas y ceremonias. El báculo que utiliza el Papa tiene una cruz en la parte superior. Otros obispos utilizan bastones largos con la parte superior curvada, como el bastón que utilizan los pastores de ovejas. Se considera al Papa el pastor de los católicos, que son su rebaño.

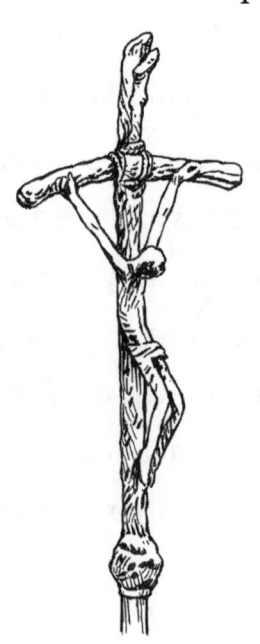

Los tesoros del Vaticano son muchos más. Las cruces de mesa, las copas, las campanas, los candelabros y otros objetos están hechos de oro o plata. Algunos están decorados con pequeñas representaciones en oro de personas que actúan en escenas de la Biblia.

Y luego están las ropas religiosas del Papa, llamadas vestimentas papales. Algunas de las túnicas tienen casi cuatrocientos años de antigüedad. Están bordadas con oro y con coloridas imágenes de seda que parecen pinturas. Varias de esas túnicas tardaron dieciséis años en completarse.

Para celebrar una misa, el Papa lleva una banda de lana blanca alrededor de los hombros, con dos largas colas colgando, que se llama palio. Está hecho de lana de ovejas que llevan coronas de pequeñas flores rojas y blancas en sus cabezas antes de ser esquiladas.

¿Es posible visitar el Vaticano y ver tantos tesoros de incalculable valor?

Palio

Cualquiera puede entrar y verlos, por supuesto.

Y los turistas y visitantes pueden comprar entradas para ver el espectacular arte de los museos vaticanos y la Capilla Sixtina.

Pero los tesoros de la Sacristía Papal suelen estar ocultos al público. En 2018, por primera vez, el Vaticano permitió que algunos de estos objetos se expusieran en el Museo Metropolitano de Arte, en Nueva York. Más de un millón y medio de personas vieron la exposición, la mayor afluencia de público jamás vista en este museo.

Patrimonio de la humanidad

Por su arte, arquitectura y museos, la Ciudad del Vaticano ha sido nombrada Patrimonio de la Humanidad, un lugar que nunca debería ser modificado. (Otros patrimonios son las Grandes Pirámides y la Estatua de la Libertad). Los edificios del Vaticano son obras de arte. También hay pinturas y esculturas compradas o donadas a lo largo de los siglos. Muchas de las estatuas proceden de la antigua Roma o del antiguo Egipto. Fueron talladas mucho antes de que existiera el cristianismo.

Todos los tesoros del Vaticano, y el propio Papa, están custodiados por miembros de la Guardia Suiza. No son sacerdotes católicos, son soldados. Al igual que los agentes del Servicio Secreto que protegen al presidente de los Estados Unidos, han jurado dar su vida para defender al Santo Padre.

Guardias suizos

Los coloridos uniformes de la Guardia Suiza parecen sacados de una película. Anchas rayas azules y doradas adornan los pantalones bombacho y las mangas abullonadas. De sus cascos brotan plumas rojas. En ocasiones llevan una armadura metálica. Pero no se engañen: los guardias no son solo un espectáculo. Ellos se entrenan en una escuela militar en Suiza antes de llegar al Vaticano. Luego estudian artes marciales y reciben entrenamiento de combate. También aprenden ejercicios especiales para las ceremonias. Saben llevar alabardas (lanzas altas con hachas). Todos los guardias viven en el Vaticano en barracas (viviendas militares).

A veces, son llamados en broma la "policía del pudor". Se sitúan en la entrada de la Basílica de San Pedro y se aseguran de que todos los que entran estén vestidos adecuadamente para la iglesia. Todos deben cubrirse los hombros y la ropa debe llegar hasta las rodillas.

San Pedro es una iglesia, no es solo un lugar turístico, y se espera que la gente sea silenciosa y educada en su interior. Pero el Vaticano es mucho más que una iglesia y los museos. Encierra un mundo de secretos que pocos llegan a ver.

CAPÍTULO 7
Los Archivos Secretos

Durante siglos, los papas han reunido papeles, libros y documentos importantes. Se guardaban en hermosas salas del Vaticano llamadas Archivos Secretos. (Un archivo es una biblioteca donde se guardan libros y papeles históricos de un lugar).

En 1612 comenzaron los Archivos con el papa Pablo V, que utilizó tres salas del palacio como biblioteca privada. Las paredes estaban revestidas de armarios de nogal con el escudo de armas del Papa.

Escudo de armas del papa Pablo V

Con el tiempo, los Archivos crecieron. Hoy son una enorme biblioteca subterránea, más grande que un estadio. Hay treinta mil pergaminos almacenados. (El pergamino es un material de escritura hecho con pieles de animales). También hay millones de otros documentos. Algunos están escritos en corteza de abedul o en seda. Si se pusieran los estantes de los Archivos en fila, ¡tendrían más de 50 kilómetros de largo!

Los Archivos del Vaticano no son tan "secretos", son una biblioteca privada. Los estudiosos pueden ver muchos de los documentos para una investigación importante. Sin embargo, los libros y cartas más recientes se mantienen ocultos hasta que los cardenales y papas mencionados en ellos hayan fallecido. Más de mil personas acuden cada año al Vaticano para estudiar.

Algunos de los papeles de los Archivos son vergonzosos para el Vaticano. ¿Por qué? Porque revelan momentos en los que la Iglesia hizo algo mal. Un libro de los Archivos cuenta la historia de Galileo Galilei, un científico de los siglos XVI y XVII que fue encarcelado injustamente. Pero, aun así, en 1881 el papa León XIII decidió abrir los Archivos al público. Dijo que la Iglesia "no debe temer a la verdad".

Galileo (1564–1642)

Galileo Galilei fue uno de los primeros científicos en comprender que la Tierra se mueve alrededor del Sol. Aunque Galileo era amigo del Papa, este se molestó porque sus ideas parecían contradecir la Biblia. Hasta ese momento, la gente creía que el Sol y los demás planetas se movían alrededor de la Tierra. En 1633, la iglesia sometió a Galileo a

juicio por sus enseñanzas. Lo obligaron a decir que sus ideas eran erróneas, aunque él sabía que tenía razón. Luego lo encerraron en su casa por el resto de su vida.

La Iglesia castigó a muchas personas a lo largo de los años por no estar de acuerdo con sus enseñanzas. A veces, incluso mandó a matar a personas por sus creencias.

Galileo en el juicio

Un pergamino de los Archivos del Vaticano tiene casi 200 pies de largo. En él se cuenta la historia de los Caballeros Templarios (caballeros adinerados que lucharon por la Iglesia a finales de la Edad Media). Contiene muchas hojas de pergamino cosidas y enrolladas.

Documento sobre los Caballeros Templarios
encontrado en los archivos del Vaticano

En 1926, un trabajador del Vaticano descubrió algo increíble. Al mover una silla de madera antigua, oyó que algo traqueteaba en su interior. Al mirar con atención, encontró un compartimento secreto con un gran pergamino de tres pies de ancho. De la parte inferior de la carta colgaban 85 sellos de cera sujetos a cintas de seda roja. Cada uno tenía el diseño del sello de una persona importante, mostrando su escudo de armas o una imagen que lo identificaba. Algunos eran miembros del gobierno británico. Otros eran importantes líderes de la Iglesia.

¿Qué era esta increíble carta?

Era una carta dirigida al papa Clemente VII rogándole que anulara el matrimonio entre Enrique VIII y su primera esposa. El Papa se negó a conceder el divorcio a Enrique y esto cambió la historia de Inglaterra para siempre.

Algunos de los documentos de los Archivos Secretos aún no están abiertos al público. ¿Por qué? Porque se refieren a sucesos recientes. Pero el papa Francisco ha aceptado abrir los Archivos muy pronto por el tema que tratan. Hay críticos que dicen que durante la II Guerra Mundial, el papa Pío XII no se pronunció contra Hitler, asesino de millones de judíos. Esos documentos podrían mostrar que la Iglesia Católica ayudó a salvar a miles de judíos. Pero también podrían mostrar que el papa Pío XII ignoró las peticiones de ayuda. Las cartas y documentos sobre el papa Pío XII se hicieron públicos el 2 de marzo de 2020.

Tal vez algún día el Vaticano abra todos los Archivos al público.

El papa Pío XII

CAPÍTULO 8
El Vaticano actualmente

Hoy en día, el Vaticano es un país moderno con su propia moneda, bandera, gobierno y demás.

INSERITO SCIDULAM QUAESO UT FACIUNDAM COGNOSCAS RATIONEM

Durante muchos años, el idioma oficial del Vaticano fue el latín, una lengua que ya no se hablaba. Los sellos que se vendían en la oficina de correos, estaban impresos en latín. ¡Incluso apareció en la primera pantalla de los cajeros automáticos! Buena suerte sacando tu dinero si no pudiste leerlo.

Hoy en día, el italiano ha sustituido al latín como lengua oficial en sellos y monedas.

Como dinero, el Vaticano utiliza el euro, la misma moneda que los países europeos. Las monedas del Vaticano tienen la imagen del Papa en una de sus caras. Son tan populares que casi nadie las gasta. La gente las guarda como recuerdo.

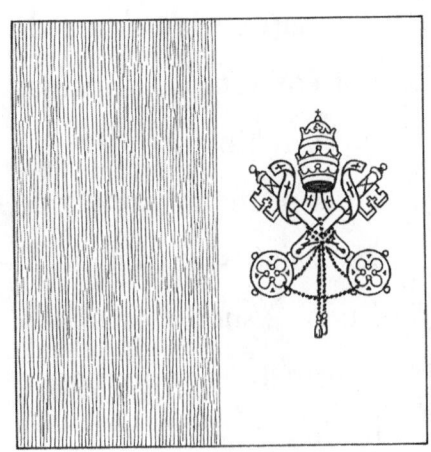

La bandera de Ciudad del Vaticano es cuadrada: es uno de los dos únicos países del mundo que tienen bandera cuadrada (el otro es Suiza). En 1969, la bandera fue llevada a la Luna.

Bandera del Vaticano

El Vaticano imprime su propio periódico. Y también hay una emisora de radio vaticana y un estudio de TV. El país tiene incluso su propio himno especial, llamado "Marcha Pontificia".

Ciudad del Vaticano es el país más pequeño del mundo: solo 109 acres. Es muy pequeño. ¡*Disney World* es 275 veces más grande!

Ciudad del Vaticano

Palacio Apostólico

Capilla Sixtina

Basílica de San Pedro

- - - - Territorio del Vaticano

Basílica de San Pedro y Plaza de San Pedro

Museos del Vaticano

Otros edificios

Jardines

Pero aunque sea un país minúsculo, el Vaticano desempeña un papel importante en los asuntos mundiales. Tiene embajadores en los países de todo el mundo. A su vez, los países envían a sus diplomáticos al Vaticano. (Los diplomáticos y embajadores son funcionarios que representan a sus países en los asuntos exteriores). El pequeño Vaticano tiene casi tantos diplomáticos como EE. UU.

Ciudad del Vaticano tiene un sistema de tribunales, pero solo una pequeña cárcel: el calabozo ya no se utiliza. Si alguien comete un delito grave, es enviado a una cárcel italiana.

Ciudad del Vaticano está dirigido por un gobierno de siete cardenales nombrados por el Papa. Uno de los cardenales es el presidente, pero él responde al Papa. Al Papa se le llama Sumo Pontífice, es jefe de la Iglesia y gobernante del país al mismo tiempo. Todo lo que él dice, se hace.

¿Entonces, qué hace un Papa moderno?

El trabajo del Papa hoy en día es liderar la Iglesia Católica y dar ejemplo a los católicos. Los papas modernos hablan sobre el bien y el mal. Intentan liderar el mundo en la defensa de los derechos humanos, incluso en lugares que no son mayoritariamente católicos.

Cada vez que se elige un nuevo Papa, el mundo católico cambia un poco más. En 1962, el papa Juan XXIII realizó grandes cambios en la Iglesia Católica al celebrar una serie de reuniones con todos los obispos y cardenales.

Papa Juan XXIII

Los invitó a venir a Roma cuatro veces en un periodo de tres años. Debatieron cómo debían actualizarse las normas de la Iglesia. Las reuniones se denominaron Segundo Concilio Ecuménico del Vaticano o Vaticano II.

Una procesión de cardenales entrando en la
Basílica de San Pedro durante el Vaticano II

Tras el Concilio Vaticano II, la misa dejó de celebrarse en latín. Se les dijo a los sacerdotes que utilizaran la lengua común del lugar donde vivían. También se permitió dirigir la misa de frente al pueblo no de espaldas a él. Y se permitió la música moderna durante la misa.

Unos años más tarde, el Papa aceptó que los católicos pudieran comer carne casi todos los viernes. Antes de 1966, los católicos solo podían comer pescado los viernes.

El Vaticano II también animó a los católicos a rezar con otros cristianos y a ser amables con los no cristianos.

Pero algunas reglas no cambiaron. Las mujeres siguen sin poder ser sacerdotes, aunque otras religiones cristianas han aceptado a mujeres como líderes. La Iglesia Católica sigue estando controlada por hombres.

A las monjas (mujeres que dedican su vida a servir a Dios en la Iglesia Católica) no se les paga como a los sacerdotes. Ellas tienen que hacer un voto de pobreza y dar todo lo que ganan a la Iglesia. Pero los sacerdotes y los obispos reciben un pequeño salario, un lugar para vivir, un coche y dinero para viajar.

En los últimos 50 años, el número de católicos estadounidenses que van a la iglesia cada semana ha disminuido. Más de un tercio de los que fueron criados como católicos ya no van a la iglesia ni se consideran católicos. Pero todavía hay 1200 millones de católicos en el mundo. La mayoría de ellos viven en América Latina, Europa y África. Una de las tareas del Papa es llegar a los católicos de todo el mundo y animarlos a seguir vinculados a la Iglesia.

El Vaticano da la bienvenida al mundo

abriendo las puertas de San Pedro al público. Casi todos los días se celebran varias misas en diversas capillas de la Basílica.

Todos son bienvenidos a este lugar tan especial del mundo. Cruzan la frontera de Italia a Ciudad del Vaticano simplemente entrando en la Plaza de San Pedro.

Pero pocas personas verán el resto del mundo privado del Papa: el mundo más allá de la Iglesia y los museos, donde el Papa lleva su vida cotidiana.

CAPÍTULO 9
El mundo privado del Papa

Además de San Pedro, hay jardines, un palacio de gobierno, una tienda de comestibles, un banco, una estación de ferrocarril, iglesias, una casa de huéspedes y mucho más. En total, hay más de 40 edificios. Este es el mundo privado de Ciudad del Vaticano. Solo unos cientos de personas viven en el país, pero unas 800 trabajan allí cada día.

Estación de ferrocarril de la
Ciudad del Vaticano

¿Quiénes logran vivir en el Vaticano?

Además del Papa, 110 guardias suizos viven allí. Los cardenales y sacerdotes que dirigen el gobierno también viven en Ciudad del Vaticano. Y algunos trabajadores que atienden los edificios y los terrenos (electricistas, jardineros y operarios) residen en el país más pequeño del mundo.

Aunque pocas mujeres viven en Ciudad del Vaticano, algunas monjas pueden vivir en un convento dentro del Vaticano. Un convento es un hogar para monjas. Las monjas cocinan la comida del Papa, también dirigen un programa para darle comida a hombres sin hogar. Los hombres forman fila en la calle junto a una pequeña puerta en el muro del Vaticano. Luego entran y comen en un sencillo comedor.

Después de cenar, los hombres son invitados a una capilla para las oraciones vespertinas.

Aparte de las monjas, en Ciudad del Vaticano viven pocas mujeres. Son las esposas e hijos de los hombres que viven allí permanentemente. Los niños van a la escuela fuera del Vaticano, en Roma, pero a veces se les permite llevar a sus amigos a jugar a casa.

CASA
DONO DI MARIA

9

Otros cientos de personas van a trabajar a Ciudad del Vaticano cada día. Algunos son artistas o expertos que cuidan de las pinturas y esculturas. También hay un taller dedicado a la fabricación y reparación de mosaicos, es decir, cuadros hechos con pequeños trozos de cerámica, piedra o vidrio. Los expertos en muebles antiguos reparan todo lo que sea de madera. Otros fabrican las sillas que se usan en los actos de la Basílica de San Pedro. Algunos pulen las joyas de las mitras de oro del Papa.

¿Quién más va a trabajar al Vaticano? Los jóvenes del Coro de la Capilla Sixtina van a cantar en misas o ceremonias especiales.

Además de los guardias suizos que viven allí, Ciudad del Vaticano tiene una fuerza policial regular. También hay un pequeño cuerpo de bomberos y un equipo de primeros auxilios. Ellos están atentos para ayudar a los visitantes.

Y muchos trabajan en la emisora de radio, el estudio de TV, la tienda de comestibles, la biblioteca, los museos, el banco, la oficina de correos y en los jardines.

Los jardines del Vaticano ocupan casi la mitad de la superficie del país. Con fuentes, un huerto, altos setos y verdes céspedes, los jardines son el lugar de paseo favorito de los papas. El público solo puede visitar los jardines como parte de un grupo turístico. Cuando el Papa pasea por los jardines, no se deja entrar a los visitantes para que pueda tener paz y privacidad.

Una carretera atraviesa los jardines, pero la mayoría de los trabajadores y residentes andan a

pie o en bicicleta. También hay canchas de tenis y una cantina: un lugar donde los trabajadores del Vaticano pueden almorzar o cenar.

Una pequeña tienda le vende alimentos solo a las personas que viven o trabajan en el Vaticano. La leche de la tienda procede de las vacas del Papa que pastan en el campo de *Castel Gandolfo*. Una farmacia suministra medicamentos a los trabajadores. También hay una tienda por departamentos para los empleados del Vaticano.

Hay una estación de ferrocarril para los trenes que llevan mercancías pesadas al Vaticano. Pero cuando el Papa quiere salir del Vaticano, no lo hace en tren (no es ese tipo de estación). Cuando viaja cerca lo hace en un coche llamado el Papamóvil. Y cuando el Papa va a otras ciudades, viaja en un avión llamado "Pastor Uno".

El Papamóvil

Otra cosa poco conocida es ¡un pasadizo secreto! Llamado *Passetto di Borgo*, conduce desde los apartamentos del Papa a una fortaleza donde, antiguamente, el Papa podía estar a salvo. El *Passetto* es un túnel elevado, como una pasarela en la parte superior de una pared. Fue utilizado por el Papa Clemente VII cuando fue atacado en 1527. Muchos guardias suizos murieron protegiéndolo en su huida.

El Passetto

En los últimos años, muchos papas han vivido en un apartamento del Palacio Apostólico. Pero cuando el papa Francisco fue elegido en 2013, no quiso vivir allí. Eligió vivir en una casa de huéspedes de cinco pisos (como un hotel) justo al lado de la Basílica de San Pedro.

La habitación del papa Francisco

Casa Santa Marta

La casa de huéspedes se llama Casa Santa Marta. Tiene más de 130 habitaciones para los sacerdotes visitantes y los invitados. Se construyó para los cardenales que van al Vaticano para un cónclave. Durante el cónclave, duermen en la casa de huéspedes por la noche. Durante el día, se dirigen a la Capilla Sixtina, donde quedan encerrados.

El papa Francisco decidió vivir en la casa de huéspedes más sencilla porque dijo que prefería vivir entre la gente en lugar de estar solo.

Muchas veces come en el comedor común. Y cada mañana celebra la misa en la capilla de la Casa. Los trabajadores del Vaticano (jardineros y basureros vestidos con chalecos naranjas y ropa de trabajo verde) asisten a la misa con él.

Es solo una de las formas en que el Papa se acerca a su rebaño, para poder conocer sus vidas.

CAPÍTULO 10
Un año en la vida de un Papa

Durante la mayor parte del año, el Papa mantiene una apretada agenda de trabajo.

Para empezar el día, el Papa se levanta temprano cada mañana y celebra la misa en una de las pequeñas capillas del Vaticano. Luego desayuna. Después, se pone a trabajar, leyendo y escribiendo cartas o discursos. Muchas tardes, se reúne con líderes mundiales u otros visitantes. Y luego, una parte del día la dedica a la oración. Los papas también pasan mucho tiempo hablando con los cardenales que dirigen el gobierno. Siempre hay mucho que hacer dentro de la Iglesia Católica.

Cada miércoles, cuando está en Roma, el Papa se reúne con personas que han concertado una "audiencia con el Papa". Cuando hace buen

El papa Francisco se reúne con el expresidente
estadounidense Barack Obama

tiempo, la audiencia se celebra en la Plaza de San
Pedro y pueden asistir miles de personas. Durante
la audiencia, el Papa ofrece breves lecturas bíblicas
o enseñanzas. Luego reza con los asistentes.

Los domingos a mediodía, el Papa se asoma a
una ventana que da a la plaza de San Pedro. Desde
allí, pronuncia un discurso y luego bendice a la
multitud que está debajo. Es el único momento
de la semana en que los fieles pueden ver al Papa
si van a Roma.

El Papa también dirige varias misas en la

Basílica de San Pedro todo el año. Las misas papales son siempre gratis, pero hay que apuntarse con antelación, y con mucha antelación para las dos fiestas más especiales: Navidad y Pascua. La Navidad celebra el nacimiento de Jesús. La Pascua marca el día en que los cristianos creen que Jesús resucitó tras ser crucificado.

En Nochebuena, se celebra una misa especial a medianoche que se transmite por TV a todo el mundo. Miles de personas tienen asientos en el interior de San Pedro. Decenas de miles de personas asisten a la misa al aire libre, en la plaza de San Pedro. Un belén de tamaño natural descansa junto a un enorme árbol de Navidad. La misa se llena de música.

Los servicios de Pascua son muy bien planificados desde la semana anterior. El Domingo de Ramos (el anterior a la Pascua) la Basílica se llena de sacerdotes que llevan ramas de olivos, el símbolo de la paz. El miércoles, el Papa celebra una misa especial en San Pedro para todos los empleados del Vaticano. El domingo de Pascua, hasta ochenta mil fieles se agolpan en la plaza de San Pedro para escuchar la lectura de la Biblia y la bendición del Papa.

La mayoría de los papas modernos viajan a otros países durante todo el año. Es parte de su trabajo, difundir la religión en países lejanos para que los católicos del mundo se sientan vinculados a la Iglesia.

Pero no importa dónde esté el Papa (en sus pequeñas habitaciones del Vaticano o viajando por el mundo difundiendo la palabra de Dios), siempre hace un solo trabajo: dirige a la Iglesia Católica hacia el futuro, preservando las tradiciones del pasado y al mismo tiempo dando la bienvenida al cambio.

Cronología del Vaticano

c. AD 64	San Pedro es crucificado en Roma
64–312	Los cristianos son perseguidos por sus creencias
313	Constantino permite a los cristianos rendir culto libremente
c. 319	Comienza la construcción de la primera Basílica de San Pedro
848–852	El papa León IV construye una muralla alrededor del Vaticano
904	El papa León V es asesinado en las mazmorras del Vaticano
1305	El papa Clemente V se traslada a Francia por seguridad
1506	Se coloca la primera piedra de la nueva Basílica de San Pedro, terminada 120 años después
1508–1512	Miguel Ángel pinta el techo de la Capilla Sixtina
1517	Martín Lutero denuncia las acciones de la Iglesia
1527	Roma es atacada y el Vaticano es saqueado
1612	El papa Pablo V construye los Archivos Secretos
1633	La Iglesia Católica juzga a Galileo
1870	El ejército italiano toma Roma y los papas se convierten en "prisioneros" en el Vaticano
1929	La Ciudad del Vaticano se convierte en ciudad-estado
1962–1965	Se celebran las reuniones denominadas "Vaticano II" para discutir las reglas de la Iglesia
2013	Elección del Papa Francisco
2018	Los tesoros del Vaticano se exponen en Nueva York

Cronología del mundo

c. AD 70	El emperador Vespasiano proyecta el Coliseo en Roma
c. 570	Nace el profeta musulmán Mahoma en La Meca
800	Carlomagno es coronado emperador del Sacro Imperio Romano Germánico en Roma
1478	El rey Fernando II y la reina Isabel I de España crean la Inquisición
1534	Enrique VIII deja la Iglesia Católica y forma la Iglesia de Inglaterra
1564	Nace William Shakespeare
1654	Cristina, reina de Suecia, renuncia al trono para hacerse católica
1791	La Constitución de EE. UU. se modifica con la Carta de Derechos; la Primera Enmienda garantiza la libertad religiosa
1870	Italia se convierte en un país unificado
1896	Se celebran los primeros Juegos Olímpicos en Grecia
1939	Hitler comienza la Segunda Guerra Mundial
1960	John F. Kennedy es elegido primer presidente católico de Estados Unidos
1964	La Piedad de Miguel Ángel, de la Catedral de San Pedro, se expone en la Feria Mundial de Nueva York
2018	Las mujeres de Arabia Saudí pueden conducir

Bibliografía

*Libros para jóvenes lectores

Arend, Paul den. *Guide to the Vatican: Including Saint Peter's Basilica and the Vatican Museums.* Haren, The Netherlands: VandiDesign, 2014.

Collins, Michael. *The Vatican: Secrets and Treasures of the Holy City.* New York: Dorling Kindersley, 2008.

Graham-Dixon, Andrew. *Michelangelo and the Sistine Chapel.* New York: Skyhorse Publishing, 2016.

*Kirby, Jeffrey. *101 Surprising Facts about St. Peter's and the Vatican.* Charlotte, NC: Saint Benedict Press, 2015.

"Life in the Domus Sanctae Marthae," *Inside the Vatican*, May 1, 2013. https://insidethevatican.com/news/life-in-the-domus-sanctae-marthae/.

Pollett, Andrea. "The Walls of the Popes," **Virtual Roma.** roma.andreapollett.com/S4/vatic11.htm.

St. Peter's Basilica.Info, "St. Peter's Basilica Interactive Floor Plan." stpetersbasilica.info/floorplan.htm.

Sitios web

w2.vatican.va/content/vatican/en.html

www.vaticanstate.va/content/vaticanstate/en.html